BEI GRIN MACHT SICH IHR
WISSEN BEZAHLT

AF149169

- Wir veröffentlichen Ihre Hausarbeit,
  Bachelor- und Masterarbeit

- Ihr eigenes eBook und Buch -
  weltweit in allen wichtigen Shops

- Verdienen Sie an jedem Verkauf

Jetzt bei www.GRIN.com hochladen
und kostenlos publizieren

Katharina Hartenstein

Neue Sachlichkeit

GRIN Verlag

Bibliografische Information der Deutschen Nationalbibliothek:

Die Deutsche Bibliothek verzeichnet diese Publikation in der Deutschen National-
bibliografie; detaillierte bibliografische Daten sind im Internet über http://dnb.d-
nb.de/ abrufbar.

Impressum:

Copyright © 2006 GRIN Verlag GmbH
Druck und Bindung: Books on Demand GmbH, Norderstedt Germany
ISBN: 978-3-656-46855-4

Dieses Buch bei GRIN:

http://www.grin.com/de/e-book/57917/neue-sachlichkeit

GRIN - Your knowledge has value

Der GRIN Verlag publiziert seit 1998 wissenschaftliche Arbeiten von Studenten, Hochschullehrern und anderen Akademikern als eBook und gedrucktes Buch. Die Verlagswebsite www.grin.com ist die ideale Plattform zur Veröffentlichung von Hausarbeiten, Abschlussarbeiten, wissenschaftlichen Aufsätzen, Dissertationen und Fachbüchern.

Besuchen Sie uns im Internet:

http://www.grin.com/

http://www.facebook.com/grincom

http://www.twitter.com/grin_com

RWTH Aachen

Institut für Germanistische und Allgemeine Literaturwissenschaft

Referat (Ausarbeitung)

Katharina Hartenstein

Veranstaltung: Hauptseminar „Großstadtlyrik" Sommersemester 2006

Inhalt

1.„Neue Sachlichkeit"

1.1 Zum Begriff „Neue Sachlichkeit"

Ursprünglich stammt der Begriff „Neue Sachlichkeit" aus der Kunst und diente dort als Sammelbezeichnung für eine durch den Kunsthistoriker und Leiter der Städtischen Kunsthalle Mannheim, G.H. Hartlaub, 1925 organisierte Ausstellung mit dem Titel „Neue Sachlichkeit. Deutsche Malerei seit dem Expressionismus".

Zeitlich ist die Epoche zwischen 1923 und 1929/30 einzuordnen. Sie ist somit eng verbunden mit der Weimarer Republik (1914-1933). Das Ende der Weimarer Republik bedeutete auch das Ende für diese Epoche.

Das Zentrum der Epoche war Berlin, die Metropole der 20er und 30er Jahre, von der bedeutende Neuerungen, sowohl im technischen als auch im künstlerischen Bereich ausgegangen sind.

1.2 Die Kunst der Epoche

Die Eigenschaften der neusachlichen Kunst wurden auch auf die Literatur übertragen. Im Bereich der Kunst sind Dix und Grosch als wichtige Vertreter zu nennen, wobei Werke von Dix auch in der oben genannten Ausstellung zu sehen waren. Zu nennen sind hier Dix Werke „Tryptichon Großstadt", „Der Krieg", „Bildnis der Journalistin Silvia v. Harden".

Bereits die Kunst hatte die später durch die Literatur bekannten Inhalte: Gesellschaftskritik, Kriegskritik und Anti-Ästhetik. Die Anti-Ästhetik ist dabei allerdings auch eine Form von Ästhetik, die allerdings nicht verschönt, sondern die Realität darstellt.

1.3 Merkmale und Ansprüche der „Neuen Sachlichkeit"

Die Gütekriterien der Epoche der „Neuen Sachlichkeit" sind Verständlichkeit, Aktualität und Anwendbarkeit auf die vorgefundene Wirklichkeit. Die Situation während der Weimarer Republik sollten objektiv aufgegriffen und dargestellt werden. Durch die Verdeutlichung politischer, wirtschaftlicher und gesellschaftlicher Phänomene von hoher Aktualität mittels neuer Möglichkeiten der künstlerischen Gestaltung sollten dem Rezipienten neue Einsichten ermöglicht werden, er sollte lernen.

Die bereits erwähnte Anti-Ästhetik hatte eine Akzentuierung des Inhaltes gegenüber der Form zur Folge. Der Inhalt ist das wichtigste.

Grundsätzlich berücksichtigte die „Neue Sachlichkeit" alle gesellschaftlichen Schichten, oft wurde aber ein Fokus auf den beruflichen Alltag der Arbeiter und Angestellten der Industriegesellschaft gelegt. Die Arbeiterschaft sollte das Massenpublikum der Epoche sein.

1.4 Die Literatur der „Neuen Sachlichkeit"

1.4.1 Epik

Die wichtigste Prosagattung der Epoche war der Roman. Er entwickelte ganz neue Formen: Zeitromane und Weltkriegsromane, die die Wirklichkeit der Zeit darstellten. Zu nennen sind in diesem Zusammenhang unter anderem „Fabian" von Kästner, „Berlin Alexanderplatz" von Döblin, „Kleiner Mann was nun" von Fallada, Remarques „Im Westen nichts Neues" und der rechtsextremistische Roman „Aufbruch der Nation" von Schauwacker.

Weitere wichtige Bestandteile der Epik zu dieser Zeit waren die Reportageliteratur, Fotodokumentationen, Montagen und Collagen. Beispiele dafür sind: „Der rasende Reporter", „Krieg im Kriege" oder „Friede mit Maschinen".

1.4.2 Drama und Theater

Die Bühne sollte als demokratisches Forum dienen, das Theater sollte bilden, die Menschen zum Denken anregen.

Die Komödie, das Volksstück und das Zeitstück spielten in der Epoche der „Neuen Sachlichkeit eine große Rolle. Es entstanden Stück wie „Der fröhliche Weinberg" oder „Der Hauptmann von Köpenick".

Verschiedene Theaterexperimente wurden durchgeführt. Erwin Piscator entwickelte die nach ihm benannte Piscator-Bühne, deren Ziel darin besteht, die Handlung auf der Bühne ständig durch Gegenhandlungen auf der Simultanbühne, Einblendungen dokumentarischen Materials, Chören von Statisten zu erläutern und die Vorgänge zu kommentieren. In einer Zusammenarbeit zwischen Piscator und Brecht entwickelt Brecht das Konzept des epischen Theaters.

1.4.3 Lyrik

In diesem Zusammenhang sind Vortragslyrik für Kleinbühnen, Kabarett und Revue, sowie Gebrauchsliteratur zu nennen. Die wichtigsten Vertreter sind hier Tucholsky, Mehring und Kästner.

Außerdem ist an dieser Stelle die blasphemisch verfremdete Umwertung religiöser Themen und Formen, vor allem der Erbauungsliteratur, zu erwähnen. Nennenswerte Vertreter dieser Formen sind Brecht („Hauspostille") und Mehring („Ketzerbrevier").

1.5 Kritik an der „Neuen Sachlichkeit"

Während der ganzen Phase ihrer Existenz musste sich die „Neue Sachlichkeit" ständig mit Kritik auseinandersetzen, die sowohl von politisch links als auch rechts Orientierten kam.

Politisch links gerichtete Kritiker machten der „Neuen Sachlichkeit" den Vorwurf, dem eigenen Realitätsanspruch gar nicht gerecht werden zu können. Außerdem warfen sie ihr Oberflächlichkeit vor. Das Aufzeigen von Fakten ohne Ursachenforschung sei nicht ausreichend.

Rechts orientierte Kritiker bezeichneten die „Neue Sachlichkeit" und ihre Werke als undeutsche, jüdisch-bolschewistische Asphaltliteratur oder entartete Kunst.

2. Beispiele aus der Lyrik

2.1 Sachliche Romanze

Als sie einander acht Jahre kannten
(und man darf sagen: sie kannten sich gut),
kam ihre Liebe plötzlich abhanden.
Wie andern Leuten ein Stock oder Hut.

Sie waren traurig, betrugen sich heiter,
versuchten Küsse, als ob nichts sei,
und sahen sich an und wußten nicht weiter.
Da weinte sie schließlich. Und er stand dabei.

Vom Fenster aus konnte man Schiffen winken.
Er sagte, es wäre schon Viertel nach Vier
und Zeit, irgendwo Kaffee zu trinken.
Nebenan übte ein Mensch Klavier.

Sie gingen ins kleinste Café am Ort
und rührten in ihren Tassen.
Am Abend saßen sie immer noch dort.
Sie saßen allein, und sie sprachen kein Wort
und konnten es einfach nicht fassen.

Kurze Interpretation und Analyse

Das Gedicht soll an dieser Stelle, wie im Plenum auch, nur kurz interpretiert und analysiert werden.

Kästner beschreibt realitätsnah eine Liebesbeziehung, die sich dem Ende zuneigt. Auf der einen Seite ist das Gedicht durch die Liebe romantisch, andererseits wirkt es durch die Verwendung von Zahlen ("acht Jahre, V. 1)", sehr faktisch, sachlich. Ebenso ist die

Darstellung des Endes dieser Liebesbeziehung alles andere als romantisch. Daher wohl auch der Titel „Sachliche Romanze".

Wie bei allen seinen Gedichten, verwendet Kästner auch hier einfachste sprachliche Mittel, die dem Leser die Inhalte verständlich und leicht zugänglich machen.

Der Lesestil Kästners ist relativ emotionslos, sachlich. Es fehlt ein Pathos. Trotzdem wirkt das Gedicht durch seine Vortragsweise ironisch und provokativ. Kästner verwendet einen additiven Leserhythmus, der die Sachlichkeit unterstreicht.

2.2 „Die Zeit fährt Auto"

Die Städte wachsen. Und die Kurse steigen.
Wenn jemand Geld hat, hat er auch Kredit.
Die Konten reden. Die Bilanzen schweigen.
Die Menschen sperren aus. Die Menschen streiken.
Der Globus dreht sich. Und wir drehen und mit.

Die Zeit fährt Auto. Doch kein Mensch kann lenken.
Das Leben fliegt wie ein Gehöft vorbei.
Minister sprechen oft vom Steuersenken.
Wer weiß, ob sie im Ernste daran denken?
Der Globus dreht sich und geht nicht entzwei.

Die Käufer kaufen. Und die Händler werben.
Das Geld kursiert, als sei das seine Pflicht.
Fabriken wachsen. Und Fabriken sterben.
Was gestern war, geht heute schon in Scherben.
Der Globus dreht sich. Doch man sieht es nicht.

Kurze Interpretation und Analyse

Dieses Gedicht soll ebenfalls nur kurz interpretiert und analysiert werden.
Das Gedicht besteht aus drei Strophen mit jeweils fünf Versen. Es reimt sich, allerdings ist der Reim nicht regelmäßig.

Der Aufbau der Strophen weist eine Parallelität auf. Der letzte Vers jeder Strophe beginnt mit „Der Globus dreht sich".

In dem Gedicht sind viele Oppositionen und Parallelismen zu erkennen. Beispiele dafür sind die Verse 3,13 und 14 (Oppositionen) und 4, 11 (Parallelismen), die en parallelen Aufbau der Strophen unterstützen.

Das Gedicht bringt die Mentalität der 20er Jahre und die damit verbundene Globalisierung zum Ausdruck. Anzeichen für die Globalisierung sind wachsenden Städte (V.1), die in der ersten Strophe genannten Finanzbegriffe, das „Auto" (V. 6), die „ Käufer" und die „Händler" (V. 11) und die Fabriken (V. 13).

Kästners Gedichte lassen sich alle in eine andere Zeit transportieren, da inhaltlich nah am Alltag liegen, so auch „Die Zeit fährt Auto". Die Problematik, dass Aktien steigen, wenn Arbeitnehmer entlassen werden ist auch heute noch aktuell. Kästner benennt diese Problematik, kommentiert sie aber nicht. Die Schlüsse muss der Leser selbst ziehen.

Das Gedicht ist in kurzen Sätzen geschrieben, die der Verständlichkeit dienen und somit eine klare Botschaft zum Ausdruck bringen: Das Gedicht übt Kritik an der Zeit und der Gesellschaft der Weimarer Republik.

Literatur

- Beutling, Wolfgang u.a. (Hg.): Deutsche Literaturgeschichte. Von den Anfängen bis zur Gegenwart, 6. Aufl., Weimar 2001.

- Buck, Theo: Zur Literatur der Weimarer Republik. In: Tendenzen der deutschen Literatur zwischen 1918 und 1945. Weimarer Republik – Drittes Reich – Exil, Stuttgart 1985, S. 7-28.

- Buck, Theo u.a.: Von der Weimarer Republik bis 1945, In: Deutsche Literaturgeschichte Bd. 5, Leipzig 2002.

- Brochmayer, Dieter, Zmegac, Victor: Moderne Literatur in Grundbegriffen, 2. Aufl., Tübingen 1994.

- Koebner, Thomas: Das Drama der Neuen Sachlichkeit und die Krise des Liberalismus. In: Rothe, Wolfgang (Hg.): Die deutsche Literatur in der Weimarer Republik, Stuttgart 1974, S. 19-46.

- Sørensen, Bengt Algot: Geschichte der deutschen Literatur. Bd. II. Vom 19. Jahrhundert bis zur Gegenwart, München 1997.